AF483061

ALLOCUTION

PRONONCÉE A L'OCCASION DU MARIAGE

DE M. MAURICE DU GRANDLAUNAY

ET DE

MLLE MARIE-THÉRÈSE DE SOMMYÈVRE

Le 7 Avril 1891

EN L'ÉGLISE CATHÉDRALE DE VERSAILLES

Par M. l'Abbé VALLÉE

Aumônier des Clarisses

ALLOCUTION

PRONONCÉE A L'OCCASION DU MARIAGE

DE M. MAURICE DU GRANDLAUNAY

ET DE

MLLE MARIE-THÉRÈSE DE SOMMYÈVRE

Le 7 Avril 1891

EN L'ÉGLISE CATHÉDRALE DE VERSAILLES

Par M. l'Abbé VALLÉE

Aumônier des Clarisses

MONSIEUR,

MADEMOISELLE,

J'ai pris place bien jeune encore au foyer qui est ou qui va être le vôtre. Appelé par votre père, Mademoiselle, à diriger les études de votre frère, j'ai trouvé près de vous une seconde famille. Unis pendant de nombreuses années dans une vie commune, nous partagions mutuellement nos tristesses et nos joies. Votre mère et moi, nous éclairions vos pas, et vous, vous nous réjouissiez par les qualités naissantes de votre esprit et de votre cœur. Aujourd'hui, vous aimez à vous rappeler ces souvenirs, à rattacher leur longue suite aux années de ma jeunesse, aux premières années de votre enfance. Et vous, Monsieur, votre cœur fait pour aimer et pour comprendre les nobles sentiments, a subi le charme toujours jeune de cette vieille amitié. Voilà pourquoi, associés dans une même pensée, vous avez voulu, l'un et l'autre, que nos cœurs amis méditent ensemble les pieuses pensées qui doivent vous occuper en ce grand jour.

Le mariage n'est pas un de ces contrats civils

qui ont pour objet les choses extérieures. Quand tout à l'heure, mes amis, vous allez vous dire cette parole, la plus douce et la plus généreuse que deux êtres humains puissent s'adresser mutuellement: « Je suis à vous, vous êtes à moi pour toujours », vous allez donner vous-mêmes, vos personnes, vos cœurs avec leurs affections les plus profondes, avec leurs droits les plus délicats et les plus intimes. Le mariage est donc un lien des cœurs et des consciences et par suite un lien spirituel. Que la puissance civile en règle les effets extérieurs, elle en a le droit. Mais quand elle prétend légiférer sur le lien lui-même, le faire ou le défaire, elle commet une usurpation évidente, contraire à la foi et contraire à la raison. La conscience et le cœur sont des citadelles fermées à la puissance civile; les choses spirituelles ne sont point du domaine de l'État.

En même temps qu'il est un lien spirituel, le mariage est un lien sacré. Les liens qui nous unissent dans les conventions ordinaires n'engagent que nous-mêmes; aussi dépendent-ils de notre accord, et cet accord venant à se rompre, les liens sont rompus par là même. Le mariage engage les intérêts des familles, de la société, de la religion. Aussi les volontés conjointes de l'homme et de la femme ne sont

pas seules à le former ; Dieu lui-même inter-
vient. Quand bientôt, mes amis, vos mains vont
se joindre, vous allez vous unir par un lien des-
cendu du ciel, tressé de la main de Dieu, et
sur lequel vos volontés ne conserveront aucun
droit. Entre le mariage et les contrats ordinaires, il y a toute la distance qui sépare Dieu
de l'homme et le ciel de la terre.

Tel était le mariage à l'origine, et déjà il
ravissait le cœur de notre premier père. Hélas !
le péché a envahi le monde et flétri tout ce
qu'il y avait de beau et d'aimable sur la terre.
Le mariage n'a point tenu les promesses des
premiers jours. La raison insurgée contre Dieu
a vu les passions s'insurger contre elle et la
soumettre à leur joug. L'homme a méconnu la
charmante beauté de la famille constituée par
la main de Dieu. Brisant l'œuvre divine, il a
osé s'ériger en tyran et traiter la femme en
esclave.

Cependant la bonté de Dieu s'est inclinée
vers nous ; l'Emmanuel, le Dieu avec nous a
paru sur la terre : il a restauré toutes choses,
et nous pouvons aujourd'hui proclamer heu-
reuses les faiblesses qui nous ont valu ses
divines réparations. C'est pour vous surtout,
femme chrétienne, que le Christ a fait l'un de
ses plus grands et de ses plus beaux miracles.

Vous relevant de vos abaissements, il a fait resplendir, aux yeux de l'homme étonné, les trésors de force noble et d'aimable douceur qui sont renfermés dans votre âme. Désormais, vous représenterez l'Église. Par là, le mariage est transporté dans le monde surnaturel ; il devient un sacrement, c'est-à-dire le signe sensible de l'union de l'Église et du Christ ; il va être maintenant, aux mains de Jésus-Christ, l'instrument de la grâce, il va sanctifier la famille.

Que vos cœurs, mes amis, tressaillent de reconnaissance et d'amour à la pensée de l'acte sanctificateur que vous allez accomplir. La production de la grâce est votre œuvre. Si la bénédiction du prêtre est nécessaire à la publicité et à la solennité du sacrement, elle ne le constitue pas. C'est vous qui, en vous donnant l'un à l'autre, allez former, avec le concours de Dieu, le lien conjugal ; ce lien figure l'union du Christ et de son Église ; dès lors, il produit la grâce, il est le sacrement. Au moment où votre consentement va s'échapper de vos lèvres, la grâce jaillira du cœur aimant de notre Sauveur ; elle viendra perfectionner votre amour, affermir votre union et déposer dans vos cœurs le germe de votre mutuelle sanctification. Et pendant tout le cours de votre vie, le sacrement demeurera comme l'Eucharistie demeure dans nos tabernacles, et, par sa vertu puissante, la rosée de la grâce divine pleuvra sur vos âmes, pour les rafraîchir et les redresser, toutes les fois que les difficultés de la vie commune menaceront de les abattre et de les dessécher.

Époux, vous représentez le Christ ; épouse, vous représentez l'Église. Ce mystérieux symbole vous dit vos devoirs. Ayez d'abord de célestes pensées. Evitez le tableau des passions, il est ennemi de la force morale et contraire à l'esprit chrétien. Fermez votre porte aux livres qui ne portent pas vers Dieu, aux feuilles qui glissent le mal à la faveur du bien. Les serpents les plus dangereux sont ceux qui sont cachés sous les fleurs. Quand un soldat combat sur une terre étrangère, il lit avec bonheur les messages qui lui viennent de ses parents et de son pays. Ainsi, enfants de Dieu, soldats sur cette terre, loin du ciel votre patrie, lisez avec amour, méditez ensemble les divins messages que Dieu votre père vous a envoyés par ses prophètes et par Jésus-Christ votre frère, et qui sont consignés dans nos saints livres.

Le monde enverra la foule de ses riens assiéger les abords de votre âme et vous promettre le bonheur. Vous lui répondrez : « Le bonheur est la fleur de la vie ; plus la vie est parfaite, plus le bonheur est grand ». Dès lors, soyez parfaits comme le Christ est parfait. Participants de son être divin, associés à son sacerdoce, ministres de son sacrement, soyez toujours son glorieux symbole. Comme vous êtes en ce moment environnés de fleurs et de lumières, ornez-vous mutuellement des lumières de la foi, des fleurs de la charité. Vous surtout, femme chrétienne, parée de blancs vêtements et d'une blanche couronne, parez votre foyer des blancs ornements de la vie chrétienne, et faites briller autour de votre front la couronne de vos vertus.

C'est sur la croix, c'est à la messe que se sont accomplies et que s'accomplissent encore les noces divines qui unissent Jésus-Christ à son Eglise. Ayez soin de venir souvent, comme aujourd'hui, contempler ensemble, au pied de nos autels, le lien divin que Dieu lui-même vous propose comme modèle. Ayez soin de le contempler chaque soir, dans une prière commune, au pied de votre crucifix. Là, épouse, vous apprendrez à servir votre époux, comme l'Église sert Jésus-Christ, avec un dévouement soumis qui charmera son cœur. Époux, vous apprendrez à aimer votre épouse à l'exemple de Jésus-Christ qui a aimé l'Église jusqu'à mourir pour elle.

Vos ancêtres, Monsieur, ont combattu sous les ordres de Duguesclin ; les vôtres, Mademoiselle, ont pris part aux Croisades, sous les ordres de Godefroy de Bouillon et de saint Louis. Si Dieu bénit votre union, transmettez à vos enfants, comme un précieux héritage, le dévouement aux grandes causes de l'Église et de la France. Mais donnez-leur surtout le saint enthousiasme du renoncement chrétien. Que le sacrifice de la croix et le sacrifice de nos autels soient aussi la plus fréquente et la plus douce de leurs leçons. Ainsi, ils apprendront le chemin des joies qui ne trompent pas ; ils seront les organes du Christ ; leur esprit, leur cœur, les cordes de leurs lèvres vibreront sous son impulsion divine, et toutes leurs actions chanteront, avec des accents délicieux pour leurs cœurs et délicieux pour les vôtres, le saint cantique de l'amour de Dieu.

Pour marcher dans cette voie, mes amis, il vous suffira de suivre les exemples que vous ont donnés vos familles. Imitez, Monsieur, les vertus de votre père. L'amour de Dieu a eu pour son cœur un incomparable attrait ; les considérations humaines n'ont point fait fléchir sa conscience ; il a été du nombre de ces courageux magistrats qui ont sacrifié leur avenir et leurs goûts, plutôt que de trahir le devoir et l'honneur. Sa bonté gagne tous les cœurs, et ses attentions délicates font déjà le bonheur de celle qui aspire à devenir sa fille.

Et vous, Mademoiselle, imitez votre mère. Elle s'est oubliée pour ne vivre que dans les siens ; elle a montré, dans son dévouement, une force intelligente et douce, et elle a su par là retracer dans le cœur de ses enfants la pieuse image de ses vertus.

Comptez, mes amis, sur le secours de ceux qui ne sont plus au milieu de nous et qui, du haut du ciel, prennent part à cette fête. Votre père, Mademoiselle, qui avait pour vous une affection si touchante, se réjouit de voir un second père le remplacer auprès de vous. Votre mère, Monsieur, que vous avez perdue, si jeune encore, se réjouit de voir une seconde mère suppléer à sa tendresse. Ceux que nous avons perdus ne sont point insensibles à nos tristesses et à nos joies. Plus ils sont assurés de leur bonheur, plus ils ont de sollicitude à notre égard.

Laissez-moi, mes amis, terminer par un dernier mot, qui demande à s'échapper de mon cœur. Pour être des époux chrétiens, vous n'aurez qu'à marcher sur les traces de votre frère, qui nous inspire à tous une si douce amitié, et sur les traces de cette sœur, que Dieu lui a donnée pour compagne, et dont la vertu douce et forte fait la joie de ses deux familles. Jeunes époux de l'année dernière, continuez à marcher, et vous, époux de ce jour, marchez à votre tour rayonnants de foi et de charité, que votre sacrement produise des grâces chaque jour plus abondantes; que vos vertus charment les regards des anges et des hommes, et qu'elles procurent toujours la joie de vos mères et la gloire de Dieu.

Ainsi soit-il.

Versailles. — Henry LEBON, Imp. Éditeur de l'Évêché, 9, rue du Potager.